TINA ESCAJA

TRANSLATED BY
KRISTIN DYKSTRA

MANUAL DESTRUCTIVISTA
~
DESTRUCTIVIST MANUAL

artepoética
press
NUEVA YORK, 2016

Title: Manual destructivista / Destructivist Manual

ISBN-10: 1-940075-43-2
ISBN-13: 978-1-940075-43-3

Design: © Ana Paola González
Cover & Image: © Jhon Aguasaco
Author's photo by: © Víctor L. Gómez
Editor in chief: Carlos Aguasaco
E-mail: carlos@artepoetica.com
Mail: 38-38 215 Place, Bayside, NY 11361, USA.

Tina Escaja
Translated by Kristin Dykstra

© Manual destructivista / Destructivist Manual, Tina Escaja
© English translation, Kristin Dykstra
© Manual destructivista / Destructivist Manual, 2016 for this edition Artepoética Press

ÍNDICE

Po/ética destructivista

Y la primera ley, creador/a, destruir.
La segunda destruir.
La tercera destruir.
Caíd@ libre.
Caída libre al cielo.
Libre de imposiciones y florituras.
Libre de metáforas manidas
y menos.
Libre de cánones, jerarquías, clasismos,
religiones, pudibundeces,
sandeces academicistas,
musas de silicona, machos de la pluma,
cagadas de antología.

La poeta es dios y no es
porque Dios no existe.
Igual el poeta
mano a mano, gónada a gónada,
equilibrados por la tecla y el oficio digital,
robopoema, hipertexto, realidad aumentada,
realidad mitigada, sexo, WhatsApp. interface,
Cyborg.

Folguemos en la palabra y la destrucción
porque destruir renueva.

Sin pecado original ni equipaje,
Caída libre.

DESTRUCTIVIST PO/ETHICS

And the first mandate, creator, is to destroy.
The second, to destroy.
The third, to destroy.
Freef@ll.
Freefall into sky.
Free of restrictions and flourishes.
Free of stale and worthless
metaphor.
Free of canons, hierarchies, elitisms,
religions, bogus puritanism,
academic bullshit,
surgically enhanced muses,
men strutting with pens,
stacks of shitty anthologies.

The poet is god and she is not.
Because God does not exist.
Same for the poet
hand to hand, sex to sex,
balancing on keyboard and digital craft,
robopoem, hypertext, augmented reality,
diminished reality, sex, WhatsApp. interface,
Cyborg.

We take our pleasure from the word and its destruction
because destruction renews.

Without original sin or baggage,
Freefall.

MEMORIAL DE ISLA NEGRA

Las gaviotas de Isla Negra
y aledaños
son democráticas,
cagan por todas partes,
cagan sobre la tumba de Neruda,
cagan en las barandas, sobre las tiendas de cachivaches, en los
sombreros de taiwanesas,
cagan sobre los árboles en las alamedas y en los vestigios de mar sobre
la playa.

Sólo respetan
la tumba de Huidobro,
primero porque es gratis
y son pájaros cagones pero solidarios.
Segundo,
porque Huidobro fue un iconoclasta
y hasta fue comunista
aunque rico (como muchos).

Por eso cuando visites a Neruda,
no olvides detenerte sobre Huidobro y plantearte la posibilidad
de no ser libremente maculado
por las heces incongruentes de este pájaro felizmente marino.

ISLA NEGRA: A NOTEBOOK

Seagulls in Isla Negra
and vicinity
are democratic,
they shit everywhere,
they shit on Neruda's grave,
they shit on railings, on the souvenir shops, on the hats worn by
Taiwanese tourists,
they shit on the trees lining the avenues and on seadregs lining the
beach.

They respect only
Huidobro's grave,
first because that one is free
and they're shitheads but they get solidarity.
Second
because Huidobro was an iconoclast,
a Communist even,
though wealthy (like many others).

So when you visit Neruda
don't forget to stop above Huidobro and consider the possibility
that you can avoid those liberal splatters
of incongruent excrement from this blessedly seafaring bird.

POEMA ANTIERÓTICO

Querido mío, ya sabes
que tengo 50 en cuerpo;
las tetas, antaño gratas, flojas ahora.
El vientre,
hogar que fue de 5 embarazos,
3 malogrados,
2 a posta,
se abulta un tanto y cede.

Mis nalgas, grandes
como siempre lo fueron,
ahí no hay cambio
ni turgencia posible
pero sí asideros aún de embistes
y penetraciones.
Bien.

El resto es tuyo, como lo quieras
tener y asediar,
así como todo lo arriba apuntado
si el vestigio insidioso de la cruel gravedad no te estorba.

Ahora es tu turno.

ANTI-EROTIC POEM

Darling, as you know
I embody 50;
the breasts, once pleasing, now flopping.
The womb,
home to 5 pregnancies,
3 that didn't work out,
2 that did,
plumps a little and gives up.

My buttocks, big
as they ever were,
no change there
no possible embellishment,
still handholds for charging
and penetrations.
Fine.

The rest is all yours, as you prefer
to have and to besiege,
like everything noted above
if the subtle mark of ruthless gravity doesn't get in your way.

Now it's your turn.

GUASAP 1.

querido hija ya ves que estoy acostumbrándome que sepas que te queremos mucho en este día tan especial y allá lejos puedas cumplir muchos mas con tus amigos y conocidos que vi en las fotos que envías que bonito es el pastel y las velas aquí te recordamos mucho y no te quiero molestar en ese día tan bonito porque estarás ocupado y con esas amigas tuyas tan altas y tan raras que tienes

WHASSAP 1.

dear daughter see I'm getting used to the word now that we love
you very much on your special day over there far away may you
have many mere birthdays with your friends and acquaintances that
I saw in the photos you sent what a nice cake and candles hear we
remember you all the time but I don't want to bother you on such a
happ day because you must be busy and out with those friends you
have who are so big and weird

RECIBOS

5000 pesos por la Chascona, Oct. 13. Casa matriz.
5000 pesos por La Sebastiana, Casa Museo (Museum House).
5000 pesos por Isla Negra, Fundación Pablo Neruda, su tumba
y la de Matilde
y el caballo grande
y los mascarones
y el salero con la palabra
Morfina (ése en Santiago).

¿Y no hacen descuento?
No.
¿De grupo? somos 23.
No.
¿De profe? enseño poesía.
No.
¿De Casas? Mire que vemos las tres en dos semana.
Ni caso.
Y era comunista el bardo,
no la fundación, parece.

Viva el capitalismo cultural.

RECEIPTS

5000 pesos entry to the Chascona, Oct. 13. His love nest.
5000 pesos entry to La Sebastiana, Casa Museo (the Museum House).
5000 pesos entry to Isla Negra and the Pablo Neruda Foundation, his grave
and Matilde's
and the giant horse
and the figureheads
and the saltshaker labeled
Morphine (that one's in Santiago).

You don't give a discount?
No.
For a group? There are 23 of us.
No.
For professors? I teach poetry.
No.
For the houses? Look, we're going to all three in two weeks.
Never.
The poet was a Communist
but it seems the Foundation is not.

Long live cultural capitalism.

GUASAP 2.

me encontré el otro día con la Paquita que te envía saludos y te
sigue en el feisbuk dice que estás estupendo digo estupenda bueno
pues mira que lo intento y ya sabes que aquí tienes tu casa para lo
que quieras que sepas que naciste a las tres de la mañana y todavía
recuerdo lo mucho que estuve en el hospital porque no había manera
y los dolores y al final que me dijo el doctor que venías al revés y
me tuvieron que hacer la cesárea que me quedo una cicatriz tan fea
y no volví a ponerme bikini y luego tan guapo que estabas con tu
mechoncito negro negro y tu mirada bonita y ese lunar que tienes tan
bonito que te quitaste con la cirugía pero yo entiendo

WHASSAP **2.**

the other day I ran into Paquita who says hi and follows you on Faisbook she says he's doing great I mean she's doing great ok well look I'm trying and you know you have a home hear for anything you want did you know you were born at 3 a.m. and I still remember how long I was in the hospital because it wasn't working and the pain and then the doctor finally said you were coming out backwards and they had to do a c-section so I have a nasty scare and never put on a bikini again and then you were so handsome with your dark dark curls and your darling gaze and such a cute mole you have that you got rid of in the operation but I understand

IMPRESIONES DE UN LUNES 13 EN SANTIAGO CENTRO

¿A cuánto el metro de peligro?
A 100 pesos.
Póngame tres.

Un mono mecánico golpea el vidrio de prendas de huaso
ta ta tá
ta tá
ta
vende chupayas y fajas
ta ta tá
cierra y abre sus ojos
fijos
mecánico
mono
o muñeco en botones
ta ta tá
y levanta su mano derecha.

Nicanor Parra recita el credo con un acrónimo de Cocacola.

En el Mercado Central
se reparte caldillo de congrio a 3000.
Para mí la cazuela de locos.

El señor declama anticristos en Paseo Ahumada:
El pecado, dice, es el adulterio,
las lesbianas,
la homosexualidad, dice, y enuncia clarito:
ho mo se xua li dad.
La puntita no más, le digo,
y miento.

Dos muchachas verdes se ofrecen con café en el Haití.
¿Azúcar con el cortado?

Muy poca,
y se vuelve,
y sus piernas auguran refugio de putas
posibilidades.
Demasiado
dulce.
La próxima, avise.

Perdón, ¿para dónde París?
Pausa.
....
Buenas tardes.
Buenas.
París aquí al lado.
Gracias.

Los dueños de las botillerías se enardecen contra la alcaldesa. Que
salga.
No lo hace.
Los botilleros con sus negocios pagan
patentes
patentes
patentes
patentes
dice un cartel.
No virar izquierda,
responde otro.

Mientras el señor verde de la luz verde camina,
acelera,
corre,
3, 2, 1
y muere parado y rojo.
Atravesao.

Fin del cuento.

Impressions from Monday the 13th, downtown Santiago

How much for the length of CAUTION?
100 pesos.
I'll take three.

A mechanical monkey beats the window at the country folkwear shop
bam bam bam
bam bam
bam
selling
chupayas and sashes
bam bam bam
closing and opening his fixed
eyes
mechanical
monkey
or bellboy in buttons
bam bam bam
and
raising his right hand.

Nicanor Parra recites the creed with an acronym for Coca Cola.

In the downtown market
eel broth goes for 3000.
For me, a lunatic stew.

The man calls out antichrists on Ahumada Boulevard:
sin, he says, means adultery,
lesbians,
homosexuality, he says, and enunciates clearly:
ho mo sex u al i ty.
Only the tip went in, I tell him,
Lying.

Two girls in green offer themselves at the Haiti Café.
Sugar with your coffee and milk?
Only a little,
she comes back,
Her legs suggest a shelter for fucking
possibilities.
Too
sweet.
Next time, she says, you tell me.

Excuse me, how do I get to Paris?
Pause.
…………………..
Good afternoon.
Hi.
Paris is right here next door.
Thank you.

Liquor store owners are up in arms against the mayor. Make her come
out.
She doesn't.
For their businesses they buy
permits
permits
permits
permits
says one sign.
Don't move left,
another one answers.

As the green man in the green light walks,
speeds up,
runs,
3, 2, 1
he dies all stopped at red.
Crossed.

End of story.

GUASAP 3.

tu padre te manda saludos y muchos besos ya sabes como es tu padre y le cuesta todo esto pero te quiere mucho y estamos deseando que vengas bueno yo estoy deseando que vengas para cuando será cuando escribo esta máquina me cambia las cosas pero ya sabes que yo nunca aprendí no me dejaron

WHASSAP 3.

your father sends his greetings huge and kisses you know how he is
and this is all very hard on him but he loves you alot and we hope you
come back ok it's me hoping you come bark whenever it might be
when I write this machine changes things but you know I never had
schooling they didn't let me

OTRO RECIBO

Compraventa de Plásticos, Bolsas y Mangas Plásticas,
Todas las Medidas, Camisetas Alta y Baja Densidad
Bolsas para Basura - Plantas
Rollos -
Polipropileno
Recerrables
en Londres, Santiago Centro.

No. 320458

12 de Octubre 2014, -día de la resistencia mapuche,-
duplicado, cliente, Boleta de Ventas y Servicios
3 metros de PELIGRO:
300 pesos.

ANOTHER RECEIPT

Secondhand Plastics, Bags and Plastic Sleeves,
All Sizes, Thick and Thin Weave TShirts
Bags for Trash – Plants
Rolls –
Polypropelene
Resealable
in London, Central Santiago.

No. 320458

October 12, 2014 – Mapuche Resistance Day –
Copy, client, Ticket for Sales and Services
3 lengths of CAUTION:
300 pesos.

GUASAP 4.

nos iremos al pueblo en verano como todos los años allí me dice tu padre que a lo mejor no es una buena idea que vengas ya sabes como es la gente pero yo se que te van a entender porque siempre fuiste muy guapo y muy listo y has luchado mucho en la vida la mía también fue muy difícil y no sabes cuánto está costando todo lo tuyo

WHASSAP 4.

this summer like every summer we'll go back to the village your father says it's probably not a good idea for you to come then you know how people are but I know they'll understand you because you were always such a smart handsome boy and struggle alot in life my life was really hard too and you don't no the toll your stuff is taking

HACIENDO DE INTÉRPRETE
(NOTAS
SUELTAS)

Agradezco en nombre de…
Da ejemplo de hermandad con la…
Poetas rescatando los…
Forjando amor en la…
Inculcan nuestro emblema en que…
Compromiso fiel y en gra
cias delegado extensión alcal
de adjunto presidente bien
venidos ilusión frater
ni
dad.

(Vaya terminando)

¿El baño?
A su derecha.

INTERPRETING
(ASSORTED PROMPTS)

On behalf of [ ]
I express appreciation . . .
Bonds unite humanity . . .
Poets address this situation . . .
Create love and peace. . .
Raise a donation . . .
Committed graciously
delegate deputy extension
mayor hospitality
president anticipation
and frater
ni
ty.

(Please wrap up now)

Restroom?
To your right.

EN CARNE PROPIA

Me fui de casa a los 13,
cansada de padres y embriagada de propuestas online.

Me vendieron tres veces,
y ahora vivo en las calles haciendo el monto
diario,

unos 20.

No es fácil.

Mi familia es ahora mi chulo, las chicas,

y el crack.

¿Destructivismo dice?
lo vivo
en carne propia,

y no hay día que pase que no lo resienta.

¿Poesía?
Ninguna.

Y váyase de una vez que me espanta clientes

... o le hago descuento. Decida.

In the flesh

I left home at 13,
done with parents and high from online propositions.

They sold me three times
and now I live on the street, need a daily quota of
johns,

about 20.

It's not easy.

My family now are my pimp, the girls,
and crack.

Destructivism you say?
I live that
in the flesh,

and there's not a day I don't resent it.

Poetry?
None.

Get out now, you're scaring my clients off

. . . or I'll give you a discount. Your choice.

GUASAP 5.

tu padre se está poniendo muy tonto y no creas la lata que me da es que no para pero no te preocupes porque ya esta mas tranquilo y lo del cambio tuyo lo lleva mejor tiene días pero mejor no vengas al pueblo por los chismes ya sabes tu hermana Marta me ha enseñado a usar este aparato a mi edad pero mira que me esta gustando y hablo con Marta mucho y como ahora estamos jubilados pues tengo mas tiempo y dan unas cosas muy bonitas en el internet y veo vídeos de mi época y me lo paso bien

WHASSAP 5.

your father's being an ass you wouldn't believe the hassle it just never ends butt don't worry because he's already calming down and taking your change better he still has days but its better you don't come to the village because of the gossip you know your sister Marta taught me to use this thing at my age imagine but I like it I talk alot with Marta and since were retired now I have more time and there are some very nice things on the internet and I watch videos from the old days I have a good time

HISTORIAL DEL PUBIS

Los chicos de ahora
y las chicas
van sin pelo,
se depilan el busto y las ingles,
las cejas, los huevos,
blanquean el ano,
se ajustan las tetas a medida
y bolsillo.

Ellos no saben,
me dicen,
dónde *coño* está el clítoris.
Pues *eso*,
- yo sí, y muy mucho.
Pues vale.

Ellas especulan acción y felatios
al modo del porno,
y se dejan embarrar del todo
- yo no.

Yo quiero
que me seduzcas con pelo y con tiempo,
aturdidos los dos en la cama o variante
con gusto y lamido
y registro clitoriano a tope,
que allí te entretengas y goces y aplaudas
como manda el cuerpo y las ganas
y aprendas
mi historial del pubis.

Y yo hago contigo lo propio.

Lo demás,
son pamplinas.

THE PUBIS: NOTES

Boys now
girls too
get rid of their hair,
shave their chest and groin,
eyebrows, balls,
bleach the anus,
reshape breasts to custom sizes
on a budget.

They don't know,
they tell me,
where the *fuck* the clitoris is
--Well *that one*
I do know, very well.
OK.

They dwell on action and fellatios,
porn style,
and finish covered in splatter
--not me.

I want you
to seduce me with hair and at length,
the two of us stunned in bed or somewhere
with tongue and savor
and luxuriant clitoral fondling,
want you to enjoy and have fun and applaud
how the body takes over and desire
and learn
all my pubic notations.

I'll do the same for you.

All that other stuff
is crap.

GUASAP 6.

tu padre se va a la partida todas las tardes y me cuenta muy pocas cosas cuando viene ni me dice nada y yo estoy muy sola y no se como me pudiste hacer esto con lo que yo te quiero y eras un chico tan salado y tan guapo y como dejaste a la sátira sátira quiero decir sa ri ta pero me lo cambia la máquina con lo mucho que te quería y tan buena chica que es y en fin que no soy quien para juzgarte y ya me dijo la doctora Martina que es sicóloga que hay que aceptar los cambios y querer mucho a los hijos y yo lo entiendo pero no se que habremos hecho mal con lo guapísimo que eres y la sátira ahora sale con otro chico y me da pena verla y que le vamos a hacer cuesta mucho mucho

Whassap 6.

your father goes off to play at the bar every afternoon and tells me
almost nothing when he gets back he doesn't say a word I'm all alone
and don't know how you could do this to me I love you so much
and you were such a charming boy so handsome and how could you
walk out on satyr satyr I mean Sarita but the machine changes it she
loved you so much and she's such a good girl and after all I'm no one
to judge you and doctor Martina a psychologist told me one must
except the changes and love one's children and I understand that but
I don't know did we do something wrong because your so handsome
and satyr is seeing another boy now and it makes me feel so bad to see
hear but what can we do its too hard

Historias que me contaron en NY (1)

Personajes:
El
Ella
Novia

Madre de Ella
Psiquiatra

Lugar:
Oficina del Psiquiatra

Versión de Ella:
Llegamos arrebatados, sedientos,
y le desabotonaba.
Alcancé furiosa y vehemente
la bragueta del pantalón,
pero no hubo manera.
"Es la primera vez que me pasa," me dijo.

Versión de Él:
Llegamos arrebatados, furiosos,
le desabotonaba.
Me llegué anhelante y hambriento hasta sus pezones;
la noté triste
y no pudo ser.
"Es la primera vez que me pasa," me dijo.

Versión de la Novia:
Yo estaba haciendo mi trabajo de Lengua (para la uni)
y escuché el trasiego;
me acerqué a mirar.

Los vi medio follar en la habitación contigua
y me dio celos.
Me hice su Novia.

¿De quién?

De los dos.

Madre de Ella (del Opus):
Yo no me lo podía creer,
imposible,
mi hija y su Novia.
Tres años ya.
Me inquieta
espléndidamente
No hay otra como deber de madre,
que aguantar.

Epílogo:
La mamá de Ella, del Opus,
guarda en su bolso una foto de ambas:
su hija
con la hermosísima Novia,
(y eso que hace tiempo cortaron
y andan liadas -con otros-).

A saber por qué.

TALES THEY TOLD ME IN NY (1)

Characters:
He
She
Girlfriend

Her mother
Psychiatrist

Place:
Psychiatrist's Office

Her Version:
We were horny when we got there, we needed it,
and I undid his shirt.
Hot, not thinking,
I went down on the fly of his pants
but he couldn't get it up.
"First time this happened to me," he said.

His Version:
We were horny when we got there, we needed it,
and I undid her shirt.
I got hot and hard going for her nipples;
I saw she was sad,
it wouldn't work.
"First time this happened to me," she said.

The Girlfriend's Version:
I was doing my work for Languages (at the U)
and heard the noise;
I went over to look.

I saw them midfuck in the next room
and got jealous.
I became the Girlfriend.

Whose?

Theirs.

Her Mother (an Opus Dei Mother):
I couldn't believe it,
impossible,
my daughter and her Girlfriend.
Three years now.
It worries me
luxuriously . . .
There's no escaping a mother's duty
to endure this.

Epilogue:
Her mother, the Opus Dei mother,
keeps a picture of them both in her bag:
her daughter
with the gorgeous Girlfriend,
(even though they broke up a while ago
and got involved with other people).

Who knows why.

PROYECTO INTERNET 1:
CAMAS

Mi intimidad muerde
en una cama que no es mía. En una cama prestada, institucional,
académica. Ataviada de proyectos e informes, posibilidades de versos
y acertijos. Producto de una beca y dádiva en la enorme ciudad, es
una cama de paso, un deseo inconcluso. Y sola ahora, sola, reinvento
#carencias. #fracasos. #entusiasmos. #vértigos. Con muerto incluso en
novela twitter. @aperez. New York.

INTERNET PROJECT 1:
BEDS

My privacy is corrosive
on a bed that isn't mine. On a borrowed bed, institutional, academic.
Dressed up in projects and reports, possible lines and enigmas.
Product of a grant and option in the big city, it's a bed for passing
through, an unfinished desire. And only now, alone, I reinvent
#thingsIlack. #failures. #fascinations. #giddiness. Even a corpse in a
twitter novel. @aperez. New York.

GUASAP 7.

lo que sufre una madre porque lo del divorcio no es nada comparado
con este papelon que nos haces de hacerte chica como has podido
con lo guapo que eras pero mira que cambiarte el nombre de Manolo
mandolín mandolín digo ma no lin me lo corrige que te llamamos
por ese tan raro de mística mística mis tic que ni es nombre ni es
español ni es nada

WHASSAP 7.

what a mother suffers because the divorce thing is nothing compared
to this drama about you making yourself a girl howl could you you
were so handsome but look changing your given name Manolo
mandolin mandolin I mean ma no lin this machine is correcting me
so we have to call you that weird name mystic mystic mys tic isnt
even a name or spanish or anything

SISTEMA DE VALORES

Para que te hagan bola
hay que hacerse el intelectual.
Decir, por ejemplo,
el metadiscurso supino.

Para ganar premios gordos hay que ser,
primero,
macho,
segundo,
macho,
tercero,
más macho todavía,
y si tienes enchufe, pues mejor.

Para hacer poesía
que dicen buena
hay que joderse

y acaso acertar.

Value System

To get them to pay attention
you have to pose as an intellectual.
For example, deploy
abject metadiscourse.

To win the best prizes you must be,
first,
male,
second,
male,
third,
still more male,
and if you're connected, even better.

To make poetry
they label as good
you have to suck it up

and get it sort of right.

PROYECTO INTERNET 2:
"UN MUERTO EN MI CAMA"
POEMA-NIVOLA EN 50 TWEETS.

31 de octubre:

Aperez @aperez. October 31
¿Hay alguien?

Aperez @aperez. October 31
Alguien, por favor, podría ayudarme?

> Andrea Pacci @andrea_pacci. October 31
> @aperez hola, hola. ¿cuál es el problema?

Aperez @aperez. October 31
Tengo un muerto en la cama.

> Andrea Pacci @andrea_pacci. October 31
> @aperez ¡Pero qué barbaridad! No sé; llame a la policía.

Aperez @aperez. October 31
@andrea_pacci Pero es que no puedo llamar a la policía.

> Andrea Pacci @andrea_pacci. October 31
> @aperez Lo siento pero todo me parece extraño Salga de casa.

Aperez @aperez. October 31
@andrea_pacci No puedo. la puerta está trancada No me deje

Andrea Pacci @andrea_pacci. October 31
@aperez ¿Está en su propia casa? ¿No es suya? Es que yo estoy liada
con la conferencia. Tengo que irme.

Aperez @aperez. October 31
@andrea_pacci No, no es mi casa. No sé dónde estoy.

INTERNET PROJECT 2:
"A DEAD MAN IN MY BED"
POEM-*NIVOLA* IN 50 TWEETS.

October 31:

Aperez @aperez. October 31
¿Anyone there?

Aperez @aperez. October 31
Please, can someone help me?

> Andrea Pacci @andrea_pacci. October 31
> @aperez hello, hello. what's the matter?

Aperez @aperez. October 31
I have a dead man in my bed.

> Andrea Pacci @andrea_pacci. October 31
> @aperez What? Horrifying. I don't know; call the police.

Aperez @aperez. October 31
@andrea_pacci But the thing is . . . I can't call the police.

> Andrea Pacci @andrea_pacci. October 31
> @aperez I'm sorry but this all seems weird . . . Get out of there.

Aperez @aperez. October 31
@andrea_pacci I can't. the door is blocked . . . Don't leave me . . .

Andrea Pacci @andrea_pacci. October 31
@aperez You're not at home? Where are you?! Look, I'm tied up with
the conference. I have to go.

Aperez @aperez. October 31
@andrea_pacci No, it's not my house. I don't know where I am.

RITUAL DEL BAÑO

Primero el desvestirse de a poco:

brazo, pecho, corazón, esternón, clítoris.

Llenar la tina o bañera;
el agua abundante y templada, lamedora, bien.

Entra él ahora
despacio,
auscultando el momento a dos,
posición simétrica al otro, que quepan
fácil,
sin rigor ni tropiezo.
Alcanza champú y extiende
amoroso
al cabello, masaje redondo, moldura
y muerdo luego a la oreja,
quedo, suave, hombro izquierdo,
seno y pezón-pecera se detiene y sella
con lengua y boca.

Procede
cauto en el ritmo, sabedor, oficiante,
sin dejar abertura al descuido,
y entra de nuevo él todo,
y embiste quedo,
repite,
vuelve a embestir,
repite,
y el agua, cómplice y tierna
hace parte y vuelta del húmedo empuje.

Sigue enjuague abundante y lengua
que rebose
y no falte.

El ritual se comprueba y aseo en la práctica
y cuerpos,
que no quede resquicio o pérdida a la exploración,
dilación justa.

Por fin el secado
minucioso y seguido,
pórtico redundante al desvestir que sigue.

Ahora, ya en seco,
adáptese el proceso anterior.

BATHROOM RITUAL

First the gradual disrobing:

arm, chest, heart, breastbone, clitoris.

Fill the tub or jacuzzi;
the water high and warm, lapping, nice.

Now he gets in
slowly,
testing the moment for two,
each position symmetrical to the other, so both
can fit easily,
without difficulty or stumbling.
He reaches for the shampoo and stretches
amorously
toward her hair, circular massage, molding
and mouthing to arrive at her ear,
soft, smooth, left shoulder,
breast, teat-in-tank, concludes
with tongue and mouth.

He proceeds,
careful about his rhythm, knowing, officiant,
leaving no gap for carelessness,
once more he enters completely,
charges,
again,
he charges once more,
again,
the water, affectionate accomplice,
flows as part and return of the thrust.

Continue generous rinsing and tonguing
to overflow;
never pause.

The ritual is completed, a cleansing in practice
and through bodies,
there must be no chink or oversight in the exploration.
Just precise lingering.

Last comes the meticulous nonstop
toweling,
superfluous portico for the undressing that follows.

Next, this time while dry,
adapt the prior sequence.

GUASAP 8.

pero no te preocupes que yo entiendo y ya sabes como es tu padre y te queremos mucho y te deseamos muchas felicidades en este día tan especial y que cumplas muchos mas feliz cumpleaños mandolín con mucho cariño tu madre que nunca te olvida

WHASSAP **8.**

but don't worry I get it and you know how your father is and we love
you a lot and wish you all the best for this very special day and may
there be many more mandolin with much love from your mother
who never forgets you

Proyecto Internet 3:
Pentagrama Poético por Invocación. (PePI)

PePI 1:

El apretado escrutinio de la noche se impone
en las heridas de la madrugada.

Nueva York duerme.

INTERNET PROJECT 3:
POETIC PENTAGRAM. AN INVOCATION. (PoPI)

PoPI 1:

Night exerts the pressure of its scrutiny
on pre-dawn lacerations.

New York sleeps.

31 de octubre:

> Zorro @zorrony. October 31
> @aperez aló aló. dices que tienes un muerto en la cama?

Aperez @aperez. October 31
@zorrony Sí, sí. Hola hola ¿quién habla? ¿Me puede ayudar?

> Zorro @zorrony. October 31
> @aperez Aquí zorro. Dime más sobre el lugar donde estás.

Aperez @aperez. October 31
@zorrony Hay un balcón, y un edificio y un parque

> Zorro @zorrony. October 31
> @aperez Qué ves desde el balcón?

Aperez @aperez. October 31
@zorrony Hay un bloque de apartamentos. Tiene colores alternados: rojo y amarillo. Por favor, ayúdame.

> Zorro @zorrony. October 31
> @aperez Dame más detalles.

Aperez @aperez. October 31
@zorrony Un lugar de copias, parece universitario, color lila. Unos diez apartamentos a mi derecha y otros tantos a mi izquierda.

October 31:

> Zorro @zorrony. October 31
> @aperez hallo hallo. you say you have a dead man in your bed?

Aperez @aperez. October 31
@zorrony Yes yes. Hi hi, who's talking? Can you help me?

> Zorro @zorrony. October 31
> @aperez Zorro here. Tell me more about where you are.

Aperez @aperez. October 31
@zorrony There's a balcony, and a building and a park

> Zorro @zorrony. October 31
> @aperez What do you see from the balcony?

Aperez @aperez. October 31
@zorrony A block of apartments. In alternating colors: red and
yellow. Please help me.

> Zorro @zorrony. October 31
> @aperez Give me more details.

Aperez @aperez. October 31
@zorrony A copy shop, looks like part of a university, lilac paint.
Maybe ten apartments to my right and however many more to my left.

Urgencias en Manhattan

Sexta con catorce, ni un baño.
Dónde se mete un Mc Donalds cuando lo requieres,
cuando lo resientes,
cuando el número de cafés te supera y buscas
lugar de evacuación y nada,
que no hay.

Navegando Manhattan indiferente al cuidado inmediato que exige
tu vejiga y castigo,
y no es cosa de entrar en restaurante y pedir el favor,
pues no.
Huraño Manhattan a la imprecación del cuerpo, a la devoción úrica
que como reloj infame te reclama.
Y no hay modo
ni mucho menos lugar.

Entro al fin en mega-electrónica y consulto,
alcanzo,
llego de lleno y forcejeo el botón insolidario, esquivo,
y al fin dejo deslizarse el suplicio y hacerse verbo,
nominada al fin en el redondo silenciamiento de un cuerpo a la deriva
por unas horas trágicas, infames,
después del Starbucks.

URGENT NEEDS IN MANHATTAN

Sixth and fourteenth, not a single bathroom.
Where did McDonalds go when you require it,
when you resent it,
when all the coffees overwhelm you, and you seek
a place to evacuate and nothing,
there isn't one.

Navigating Manhattan indifferent to the immediate care demanded by
your bladder and burden,
it's not about entering restaurants to ask that favor,
no no.
Manhattan shies from the body's curse, the uric devotion complaining
vulgarities, like a clock alarm.
There's no way
much less any place.

Finally I go into the electronics megastore and ask,
succeed,
arrive, and wrestle with the unhelpful evasive button,
in the end I'm released from torture, then comes enunciation,
in the end I'm named in the perfect silencing of a body adrift
during a few tragic vile hours
after Starbucks.

PePI 2:

Vuelve a convocarse la noche y las palomas se esquinan en los tejados de los rascacielos.

Las nubes dejaron de alcanzarlas.

Nieva.

PoPI 2:

The night convenes once more and pigeons settle on the top corners of skyscrapers.

The clouds no longer reach them.

It snows.

1 de noviembre:

Aperez @aperez. November 1
@zorrony @andrea_pacci ¿Están ahí? Pasé una noche terrible.

Andrea Pacci @andrea_pacci. November 2
@aperez ¿Sigue igual?, ¡qué espanto! A ver, dígame más del muerto.
¿Cómo es? ¿Hay señales de violencia?

Aperez @aperez. November 1
@andrea_pacci No sé. Está boca abajo, pero le veo un circulito de
sangre en el cuello... Tiene el pelo muy corto... Está desnudo.

Andrea Pacci @andrea_pacci. November 2
@aperez Todo me parece muy grave, la verdad.
¿tiene familia en la ciudad? ¿amigos?

Aperez @aperez. November 1
@andrea_pacci No tengo a nadie. Es que estoy de visita...

Andrea Pacci @andrea_pacci. November 2
@aperez ¿Y recuerda algo de la noche anterior al muerto?

Aperez @aperez. November 1
@andrea_pacci Todo es muy confuso, muy borroso. Como en una
neblina. Un club de baile. Bebidas. Llaves. Y un disparo.

Aperez @aperez. November 1
@andrea_pacci Anoche encontré el arma.

Aperez @aperez. November 1
@andrea_pacci Creo que voy entendiendo...

November 1:

Aperez @aperez. November 1
@zorrony @andrea_pacci Are you there? I had a horrible night.

Andrea Pacci @andrea_pacci. November 2
@aperez You're still there? Scary! OK tell me more about the dead man.
How is he? Is there any indication of violence?

Aperez @aperez. November 1
@andrea_pacci I don't know. He's lying face down but I see a little circle
of blood on his neck . . . His hair is really short . . . He's naked.

Andrea Pacci @andrea_pacci. November 2
@aperez This seems very serious, really.
do you have family in the city? friends?

Aperez @aperez. November 1
@andrea_pacci No, nobody. The thing is I'm just visiting

Andrea Pacci @andrea_pacci. November 2
@aperez And do you remember anything about that night before his death?

Aperez @aperez. November 1
@andrea_pacci Everything is confused, blurry. Like in a fog. A dance
club. Drinks. Keys. And a gunshot.

Aperez @aperez. November 1
@andrea_pacci Last night I found the weapon.

Aperez @aperez. November 1
@andrea_pacci I think I'm starting to understand

HISTORIAS QUE ME CONTARON EN NY (2)

El muchacho era guapo pero desabrido;

me dio algún desplante.

Harto de encontrármelo por los bares
me acerqué resuelto
y le puse su mano en mi paquete
a rebosar,

y lo miré con rabia:
"así es cómo me pones".

El resto es historia.

TALES THEY TOLD ME IN NY (2)

The guy was young and hot but snotty;

he turned his back on me.

Sick of encountering him in bars
I got pissed off and went over there
put his hand on my engorged
package

looked at him mad as hell:
"this is what you do to me."

The rest is history.

EN BROOKLYN

una muchacha azul
escribe haikús
en máquina Olivetti.

- tema

- ¿tema?

- sí, tema (en inglés)

- robots

- rabbits

- no, no, conejos no, robots

…..

- ok, robots-rabbits

vale.

Aquí la traducción:

Procreando deprisa
reproducen ceros y unos
saltando hasta alcanzar las nubes.

Salió bonito.

No sé como se llama.

Practica la bondad
y al sadomasoquismo.

IN BROOKLYN

a blue girl
types haikus
on an Olivetti.

- theme

- theme?

- yes, theme (in English)

- *robots*

- *rabbits*

- no, no, not rabbits, robots

…..

- ok, robots-rabbits

allright.

Here's the translation:

Procreating expeditiously
they replicate zeros and ones
hopping all the way to the clouds.

That's a nice one.

I don't know her name.

She practices kindness
and sadomasochism.

PePI 3:

La lluvia
reitera el timbal nocturno sobre balaustradas y taxis amarillos.

La noche enhebra despacio
su vestigio de invierno.

PoPI 3:

Rain
repeats a nocturnal drumbeat on balustrades and yellow cabs.

Night threads
its steady winter trace.

2 de noviembre:

Aperez @aperez. November 2
Estoy cansada. Hoy se acaba todo.

Andrea Pacci @andrea_pacci. November 2
@aperez ¡No te rindas! Estoy en JFK. Se acabó mi conferencia.
¿Qué quieres decir? ¿Qué ha sucedido?

Aperez @aperez. November 2
@andrea_pacci ¿pero es que no te has dado cuenta?

Andrea Pacci @andrea_pacci. November 2
@aperez No me he dado cuenta, ¿de qué?

Aperez @aperez. November 2
@andrea_pacci Pues de que ni tú ni yo existimos...

Andrea Pacci @andrea_pacci. November 2
@aperezny Pues vaya tontería.
Yo estoy... en JFK... esperando mi vuelo... a Roma.

Aperez @aperez. November 2
@andrea_pacci Y dime, ¿qué hay en Roma? ¿Qué te espera en Roma?

Andrea Pacci @andrea_pacci. November 2
@aperez Los limoneros de la costa Amalfi. La estatua decapitada de
Ostia Antica. Laberintos del Foro... El Tívoli....

Aperez @aperez. November 2
@andrea_pacci Convenciones de guía turística. Impresiones al vuelo...

Andrea Pacci @andrea_pacci. November 2
@aperez No te creo... Pero si fuera el caso, qué importa.

Aperez @aperez. November 2
@andrea_pacci Exactamente. Así que hoy quiero, poner fin a esta...
mentira. En mis propios términos.

Andrea Pacci @andrea_pacci. November 2
@aperez ¿Qué quieres decir? ¿Cómo vas a poder hacer nada, si como
dices, "no existes"?

Aperez @aperez November 2
@andrea_pacci Es mi prerrogativa... virtual. Estoy cansada de este
experimento, por lo demás fallido. Y el muerto empieza a oler...

November 2:

Aperez @aperez. November 2
I'm tired. Today the whole thing will be over

        Andrea Pacci @andrea_pacci. November 2
      @aperez Don't give up! I'm at JFK. My conference ended.
                What are you saying? What happened?

Aperez @aperez. November 2
@andrea_pacci didn't you know?

        Andrea Pacci @andrea_pacci. November 2
                  @aperez Didn't I know what?

Aperez @aperez. November 2
@andrea_pacci Well that you and I don't exist …

        Andrea Pacci @andrea_pacci. November 2
              @aperezny Don't be ridiculous.
      I'm here … at JFK … waiting for my flight … to Rome.

Aperez @aperez. November 2
@andrea_pacci And what's in Rome? What's there for you in Rome?

        Andrea Pacci @andrea_pacci. November 2
@aperez Lemon groves along the Amalfi coast. The beheaded statue at
      Ostia Antica. The Forum's labyrinths. The Tivoli …

Aperez @aperez. November 2
@andrea_pacci Tourist guidebook recipes. Passing impressions …

        Andrea Pacci @andrea_pacci. November 2
@aperez I don't believe you … but in that case, what does it matter.

Aperez @aperez. November 2
@andrea_pacci Exactly. So today I want to put an end to this ... lie. On my own terms.

Andrea Pacci @andrea_pacci. November 2
@aperez What do you mean? How are you going to do anything if, like you said, you "don't exist"?

Aperez @aperez November 2
@andrea_pacci It's my . . . virtual prerogative. I'm tired of this experiment, which by the way failed. And the dead guy is starting to stink ...

SECUENCIA GOOGLE CHAT
(SIN CÁMARA)

1.

¿Estás?

Sí cariño, todo y cuanto quieras, tuyo tuyo

Bien. <3

¿y qué llevas puesto?

un tanga de lo más sexy. ;-)

qué bien amor, pásame foto. :-P

espera, a ver…

2.

¿Estás?

sí, claro, preparando un informe. ¿Y tú?

con mi juguete favorito ¿Qué llevas puesto? :D

Un pijama de franela. Hace frío. ¿Me lo quito? ^_^

3.

¿Estás?

……

¿Estás?

Sí, sí,

¿Qué haces?

Trabajando, es muy tarde. Estoy algo
cansado.

Mejor lo dejamos entonces

Mejor. Un beso. :-*

Vale. chao.

4.

¿Estás?

Google Chat Sequence
(no camera)

1.

Are you there?

Yes darling, anything and everything you need, I'm all yours …

Good. <3

and what are you wearing?

the sexiest thong ever. ;-)

wonderful dear, send me a photo. :-P

wait, let's see…

2.

Are you there?

yes, of course, writing a report. you?

with my favorite toy … What are you wearing? :D

Flannel pjs. It's cold. Should I take them off? ^_^

3.

Are you there?

......

Are you there?

Yes yes,

What are you doing?

Working, it's really late. I'm pretty
tired.

We'll save it for another time then

Another time. Kiss :-*

OK. bye.

4.

Are you there?

PePI 4:

Nieva en marzo y se aprietan las flores
y los enamorados
en los soportales de largas avenidas.

Quedan las huellas como besos de asfalto
que arrebatan inquietos transeúntes.

PoPI 4:

It snows in March and the flowers clench closed
so do lovers
in the arcades of outstretched avenues.

Footprints remain like asphalt kisses
aroused by restless passersby.

2 de noviembre:

Aperez @aperez. November 2
Pasé una noche terrible. El muerto sigue en mi cama.

Aperez @aperez. November 2
Estoy cansada. Hoy se acaba todo.

Aperez @aperez. November 2
El muerto empieza a oler...

Aperez @aperez. November 2
Ya Zorro me ha localizado.

Aperez @aperez. November 2
Me queda muy poco tiempo.

Aperez @aperez. November 2
Será en mis propios términos y en 50 tweets.

Aperez @aperez. November 2
La policía llama a la puerta Están a punto de entrar.

Aperez @aperez. November 2
Y yo con el arma que vuelvo a usar...

Aperez @aperez. November 2
Queda una sola bala. Fin de la historia.

November 2:

Aperez @aperez. November 2
I had a horrible night. The dead guy is still in this bed.

Aperez @aperez. November 2
I'm tired. Today it all ends.

Aperez @aperez. November 2
The dead guy is starting to stink...

Aperez @aperez. November 2
Zorro found me now.

Aperez @aperez. November 2
I have very little time left.

Aperez @aperez. November 2
It will be on my own terms and in 50 tweets.

Aperez @aperez. November 2
The police are at the door ... They're about to come in.

Aperez @aperez. November 2
I have the gun. I'll use it again...

Aperez @aperez. November 2
Just one bullet left. End of story.

PePI 5:

En la esquina del vagón nocturno
una muchacha de uñas azules esconde el rostro.
Duerme
o acaso llora.

Un señor me ofrece su asiento
y especulo
mi senectud en ciernes
tal primavera en marzo perentorio.

Y allí quedo y dormito desabrida
y con mis uñas sin pintar.

Nueva York queda.

PoPI 5:

In the corner of a late-night train
a girl with blue nail polish hides her face.
She's sleeping
or maybe crying.

A man offers me his seat
and I ponder
my age, advancing
as spring moves through the close of March.

There I hold, I doze, surly,
my nails unpainted.

New York holds.

2 de noviembre:

Aperez @aperez. November 2
@andrea_pacci Suerte en todo, querida Andrea. Seguro que nos
volveremos a encontrar...

Santiago/ Nueva York 2014-2015

November 2:

Aperez @aperez. November 2
@andrea_pacci Best of luck, dear Andrea. I'm sure we'll meet again ...

Santiago/ New York 2014-2015

MANIFIESTO DESTRUCTIVIST/A

Manifiesto Destructivist/a

Sobre la tumba de Huidobro, 12 de octubre de 2014, día de la
resistencia mapuche, se destruye
la poesía en su versión censurada, en su implicación obsoleta, en su
imposición canónica,
se desacraliza, descuartiza, muerde, rasga,
se transforma en papel del water, en origami, en poema en taiwanés.

El destructivismo crea por destrucción.

La destrucción es el camino para la creación. Poesía es reacción, poesía
es resistencia. Poesía Es

destrucción de las convenciones, regulaciones, imposiciones
políticas, sociales, religiosas, canónicas.

El/la poeta destructivista no está sujet@ a tendencias, geografías
concretas, emerge en Santiago, en Nueva York, en Taipei,
en las vísceras del interfaz electrónico, en la estrato/esfera global.

Aparece liberad@ de entuertos e imposiciones, de acertijos y enigmas
canónicos que excluyen e incluyen en función de intereses y arbitrios,
felaciones y trámites de ocasión.

Con el destructivismo, se superan expectativas y el Canon.

El Canon se renueva en cada poema destructivista. No lo dicta
Nadie.

No lo impone
Nadie.

Nadie es un dios liberad@, una duendencillo travies@ que inspira y rechaza, es el muso destructivista por antonomasia, y le rendimos pleitesía. Porque no dicta. Porque no impone.

Se superan binomios: hombre/mujer, lector/autora, papel/dígito, creador@/criatura. Hay plena libertad de re/acción y de destrucción.

El poema crea al autor@ y no al revés.

El/la poeta es y no es dios en la medida en que el poema determine, porque el dios de la institución y el rito no existe, como no existen ni son ni han sido nunca otra cosa que convenciones que el/la poeta destructivista destruye y renueva, regresando al caos del Origen, al caos de Nadie.

Caída libre, caída libre al cielo, caída libre al papel, a la tecla, a la aplicación digital.

Libre de extracción social, de implicación racista, clasista, de etiquetas restrictivas, de voracidades imperialistas, de guerras sacrosantas e imposiciones consumistas.

El destructivismo resiste, rechaza el machismo, el conformismo, la sociedad de control, los códigos de barras.

El poema está en la urbe, en la montaña, en las lunas y no está. Lo géneros y límites se destruyen; los géneros sexuales, literarios, digitales, se desestabilizan por tratarse de convenciones que anquilosan, marginan, confunden, matan.

Poesía, arte, dígito, multimedia, son productos intercambiables en la destrucción-construcción de nuevos ritos.

No hay jerarquía ni autoridad.

El destructivismo es fundamental y fehacientemente anárquico.

La monarquía, la dictadura, la institución de toda religión, su
opuesto.

El compromiso es una suerte de destrucción de la hegemonía política,
libera y nos redime.

El compromiso social e histórico es un ejercicio destructivista de la
convención al verso.

El árbol no existe sino en software e interfaz.

La realidad no existe si no se aumenta o mitiga.

La pasión tecnológica es un arma cargada de futuro.

El verso es convención y palabra usurpada
que requiere inversión y guiño, vómito y choque para re-vitalizar.

El tabú es instrumento destructivista. Renueva y exige mirada y re-
acción, supera la mojigatería arcaizante, libera, proclama, seduce,
conecta con lo ir/r/eal.

Dios, definitivamente, no Es.

El/la poeta destructivista proclama su libertad absoluta en el poema.
Sin tensión ni inquisición alguna. Sin pecado original
ni equipaje.

Caída libre.

Tina Escaja, poet/a destructivist/a.
Santiago, Nueva York/Burlington, diciembre 2014.

DESTRUCTIVIST/A MANIFESTO

Destructivist/a Manifesto

Upon Huidobro's grave, October 12 2014, Mapuche resistance day,
the Destructivist destroys
poetry in its censored shapes, obsolete complicities, canonical restrictions,
demystifies it, dismembers it, bites it, tears it,
turns it to toilet paper, to origami, to poetry in Hokkien.

Destructivism creates through destruction.

Destruction is the path to creation. Poetry is reaction, poetry is resistance.
Poetry

breaks conventions, regulations, destroys
political, social, religious, canonical impositions.

The destructivist poet@, male/female/other, is not subject to trends,
concrete geographies; emerges in Santiago, New York, Taipei,
in the viscera of electronic interface, in the global stratum/sphere.

Appears free of wrongs and restrictions, free of canonical riddling and enigma
which exclude and include in the service of interests and discretion,
fellatio and bargain-basement paperwork.

With destructivism, one overcomes expectation and Canon.

Every destructivist poem remakes the Canon. Dictated by
Nobody.

Imposed by
Nobody.

Nobody is a god unchained, a restless gremlin who excites and
repels, is the destructivist muse through antonomasia, and we honor
Nobody. Because Nobody doesn't dictate.
Doesn't impose.

Binaries rupture: man/woman, reader/writer, paper/code, creator/
creature. Full freedom of re/action and destruction.

The poem creates the author and not the other way around.

The poet@ is and is not god according to the degree determined by
the poem,
because the god of institution and ritual doesn't exist,
since they don't exist they are not and have never been anything but
conventions
which the destructivist poet@ destroys and renews, returning to the
chaos of Origin,
to Nobody's chaos.

Freefall, freefall into the sky, freef@ll into the paper, the keyboard, the
apps.

Free of social extraction, of racist and classist implication, of
restrictive etiquettes, of imperial voracity, of sacrosanct wars and
consumerist avowal.

Destructivism resists, repels machismo, conformism, social control,
barcodes.

Poetry is in the metropolis, on the mountain, inside moons and it
is not. Genres and boundaries shatter; genres of sexuality, literature,
coding: all unbalance conventions that stultify, marginalize, confuse,
kill.

Poetry, art, binary code, multimedia are interchangeable products in
the destruction-construction of new rituals.

There is no hierarchy or authority.

Destructivism is fundamental and irrefutably anarchic.

Monarchy, dictatorship, all institutionalized religion: its opposites.

Commitment to justice is a kind of destruction of political hegemony, liberating and redeeming us.

Social and historical commitment is a destructivist exercise transforming convention into verse.

The tree exists nowhere but in software and interface.

Reality does not exist if it is neither augmented nor diminished.

Technological passion is a weapon loaded with future.

Verse is a usurped convention and word
it must be revitalized with inversion and wink, vomit and collision.

Taboo is a destructivist tool. It renews and requires both gaze and re-action, overcomes archaist sanctimony, frees, proclaims, seduces, connects with that which moves in ir/real/ity.

God, definitively, Is not.

The destructivist poet@ proclaims absolute freedom in the poem. Without tension or inquisition. Without original sin, or baggage.

Free fall.

Tina Escaja, poet@ destructivist/a.
Santiago, New York, Burlington, December 2014.

Tina Escaja (Alm@ Pérez) es una ciber/poet@ destructivista, artista digital y profesora universitaria que reside en Burlington, Vermont. Como investigadora ha publicado extensamente sobre género y tecnología en la poesía española y latinoamericana contemporánea. Su trabajo creativo trasciende el formato en papel y ha sido expuesto en sus variantes multimedia, robótica y de realidad aumentada en museos y galerías de España, México y Estados Unidos. Escaja ha sido reconocida y galardonada con destacados premios, y su obra ha sido traducida a seis idiomas. Es la instigadora del movimiento Destructivist/a, iniciado sobre la tumba del Vicente Huidobro en octubre de 2014.

Tina Escaja (Alm@ Pérez) is a destructivist/a cyber-poet@, digital artist and scholar based in Burlington, Vermont. As a literary critic, she has published extensively on gender and contemporary Latin American and Spanish poetry and technology. Her creative work transcends the traditional book form, leaping into digital art, robotics, augmented reality and multimedia projects exhibited in museums and galleries in Spain, Mexico and the United States. Escaja has received numerous recognitions and awards, and her work has been translated into six languages. She is the instigator of the Destructivist/a movement, initiated on the grave of Vicente Huidobro in October of 2014.

Kristin Dykstra ha publicado en University of Alabama Press sus más recientes traducciones de poesía contemporánea, entre las que se encuentran *Otras cartas a Milena*, de Reina María Rodríguez (2014) y *El contragolpe (y otros poemas horizontales)*, de Juan Carlos Flores (2016). También tiene en prensa, bajo el mismo sello editorial, trabajos de los poetas Ángel Escobar y Marcelo Morales. Sus comentarios de 2015 aparecieron en el segmento por invitación "Intermedium" de *Jacket2* y en *The Volta*. En 2014 Dykstra fue galardonada con el premio *Gulf Coast* de traducción literaria. Es co-editora, junto a Kent Johnson, de una antología de Amanda Berenguer en la editorial Ugly Duckling Presse (en prensa).

Kristin Dykstra's recent translations of contemporary poetry appear with the University of Alabama Press. *Other Letters to Milena*, by Reina María Rodríguez, was published in 2014. *The Counterpunch (And Other Horizontal Poems)*, by Juan Carlos Flores, appeared in 2016. Two more editions are forthcoming in 2016: *Breach of Trust*, by Ángel Escobar; and *The World as Presence* by Marcelo Morales. She won the 2014 *Gulf Coast* Prize in Literary Translation. Her most recent commentaries appear in "Intermedium," a 2015 series for the University of Pennsylvania poetics magazine *Jacket2*, and a reflection on dissent for *The Volta*. She is co-editor, with Kent Johnson, of an anthology by Amanda Berenguer forthcoming from Ugly Duckling Presse in 2018.